RECUEIL
DE PIECES
AUTHENTIQUES ET INTÉRESSANTES,
POUR SERVIR
D'ÉCLAIRCISSEMENT
A L'AFFAIRE
CONCERNANT
LE CARDINAL, PRINCE
DE ROHAN,
&c. &c. &c.

A STRASBOURG.

1786.

LETTRE

DE L'ABBÉ GEORGET A LA
COMTESSE DE MARSAN.

MADAME,

CEssez d'être inquiete de notre cher Cardinal ; il a supporté, avec toute la dignité d'un Rohan, le coup incroyable qui l'a frappé ; sa santé se soutient dans la prison, dont les rigueurs sont modérées ; & son ame est en paix autant que peut l'être celle d'un illustre accusé qui prévoit qu'il ne sera jamais jugé. Mais l'autorité reculant, ne sera-ce pas une satisfaction ? Le Roi, sur l'avis de son Conseil, vient de renvoyer l'affaire au parlement. Les lettres-patentes sont enrégistrées ; tout le procès pourroit bien se réduire là ; car enfin, si celui d'un simple clerc ne peut être fait que par un juge d'Eglife, un Évêque, un Cardinal, ont-ils moins d'immunités ? L'hiftoire de France offre fept Cardinaux accufés par nos Rois; aucun d'eux n'a pu être jugé en perfonne. Dagueffeau lui-même convient que fur dix-fept exemples, il y en a onze en faveur de l'Eglife, & il ne peut nier qu'elle a le dernier état. En 1654, le procès du Cardinal de Retz fut renvoyé au parlement par lettres-patentes, qui ont fûrement fervi de modele à celles de 1785 ; mais trois ans après, une déclaration folemnelle révoqua l'attribution, & confirma le droit antique des Evêques, de ne pouvoir être jugés que par ceux de leur Métropole. Il s'agiffoit d'un crime de leze-majefté, & toute la prétention royale étoit qu'un tel crime faifoit ceffer toute immunité : ainfi, lorfqu'il n'y a rien qui concerne le Roi ou l'état, nul doute que le droit commun eft dans toute fa force. Vous voyez à préfent, Madame, à quoi peut aboutir tout l'appareil du jour. Ne croyez pourtant pas qu'il y ait de l'impéritie de la part du Garde des Sceaux & du Comte de Vergennes, qui seuls pouvoient éclairer : l'un connoît le droit françois, & l'autre la politique romaine ; mais ils sont nos amis : mêmes vues, mêmes aversions, ils savent que l'Electeur de Mayence révendiquera, que Rome réclamera, que le Clergé remontrera, que l'Empire murmurera : ils se sont tus & ont eu l'air de déférer à l'équité apparente d'un renvoi au Juge national. Si les clameurs sont foibles, l'information se fera toujours, & de maniere à ne distinguer ni accusateurs, ni accusés : si les difficultés grossissent, le.... reculera ; & ce sera d'autant plus favorable pour nous, qu'il y aura plus d'embroglio dans l'instruction : il ne faudra plus alors qu'une victime à l'autorité compromise. Pourquoi le Breteuil qui n'a été qu'agent, ne seroit-il pas remercié comme auteur ? nous triompherions pleinement : tous les intérêts seroient conciliés, des profondes vengeances exercées, & les ressentimens respectifs satisfaits. Madame, je vous dis le mot. Que ce soit le secret de toute votre vie.

LETTRES-PATENTES

DU ROI,

Données à Saint-Cloud le 5 Septembre 1785.

Regiſtrées le 6 Septembre au Parlement de Paris, Grand'Chambre & Tournelle aſſemblées.

LOUIS, &c. Ayant été informé que les ſieurs Bohmer & Baſſanges auroient vendu au cardinal de Rohan un collier en brillans; que ledit cardinal de Rohan, à l'inſu de la reine, notre chere épouſe & compagne, leur auroit dit être autoriſé par elle à en faire l'acquiſition, moyennant le prix de ſeize cents mille livres payables en différens termes, & leur auroit fait voir à cet effet de prétendues propoſitions qu'il leur avoit exhibées comme approuvées & ſignées par la Reine; que ledit collier ayant été livré par leſdits Bohmer & Baſſanges audit cardinal, & le premier paiement convenu entr'eux n'ayant pas été effectué, ils auroient eu recours à la reine. Nous n'avons pu voir sans une juste indignation que l'on ait osé emprunter un nom auguste & qui nous est cher à tant de titres, & violer avec une témérité aussi inouie le respect dû à la majesté royale. Nous avons pensé qu'il étoit de notre justice de mander devant nous ledit cardinal ; & sur la déclaration qu'il nous a faite, qu'il avoit été trompé par une femme, nommée la Motte, dite de Valois, nous avons jugé qu'il étoit indispensable de nous assurer de sa personne & de celle de ladite la Motte, dite de Valois, & de prendre les mesures que notre sagesse nous a suggérées, pour découvrir tous ceux qui auroient pu être auteurs & complices d'un attentat de cette nature, & nous avons jugé à propos de vous en attribuer la connoissance, pour être le procès par vous instruit & jugé, la grand'-chambre & tournelle assemblées. A ces causes, nous vous avons attribué toutes cours & jurifdictions dans l'étendue de notre Royaume, icelles interdifant à toutes nos cours, attendu que la matiere requiert célérité pour ne pas laiffer perdre les preuves qui pourroient dépérir par le retardement. Nous vous mandons d'informer defdits faits ci-deffus, circonftances & dépendances, à la requête de notre procureur-général ; & à cet effet, de commettre tel d'entre vous que vous aviferez pour le dire & l'audition des témoins, qui feront nommés par notre procureur-général, & faire tous autres actes tendans à conftater lefdits faits & délits ; lequel nous avons autorifé & autorifons à procéder auxdites informations & procédures, rapportées devant vous, la grand'chambre affemblée après la rentrée du parlement, & y être par vous ftatué ainfi qu'il appartiendra.

ARRÊT

ARRET DU CONSEIL,

CONTRE LE CARDINAL DE BOUILLON.

Donné à Marly le 11 Septembre 1700.

LE ROI, par bonnes & justes considérations, ayant ordonné au sieur cardinal de Bouillon de revenir dans le royaume, & de remettre entre les mains de son Ambassadeur à Rome, la démission de sa charge de Grand-Aumônier, avec défense de ne plus porter le cordon & les marques de commandeur de l'ordre du Saint-Esprit ; & ledit Cardinal n'ayant tenu compte d'obéir à ses ordres, Sa Majesté étant en son Conseil, a ordonné & ordonne que ledit sieur cardinal de Bouillon sera rayé & rejetté de l'état de sa Maison. Fait défenses aux officiers de sa Chapelle, aux administrateurs de l'hôpital des quinze-vingts de Paris & six-vingts aveugles de Chartres ; comme aussi aux colleges & couvens qui ont le

B

Grand-Aumônier pour supérieur, de reconnoître à l'avenir ledit sieur cardinal de Bouillon, en quelque sorte & maniere que ce soit; fait pareilles défenses au grand tréforier de l'ordre du Saint-Esprit, au garde de son trésor royal & tréforiers de sa maison, de lui payer aucune pension, gages, droits & distribution, & même ce qui pourroit lui être dû du passé jusqu'à présent; enjoint Sa Majesté aux intendans & aux commissaires départis dans les provinces & généralités de son royaume, de faire saisir incessamment, chacun dans leur département, les revenus des biens qui s'y trouveront appartenir audit sieur cardinal de Bouillon; ensemble les revenus du bénéfice dont il est revêtu & dont il se trouvera en jouissance en quelque titre que ce soit: Voulant Sa Majesté que lesdits intendans en fassent faire la régie & perception par telles personnes solvables qu'ils aviseront; & qu'ils puissent, si bon leur semble, entretenir les baux conventionnels ou en faire d'autres, suivant qu'ils le jugeront nécessaire, & éviter le dépérissement des psalmistes dépendans des bénéfices; ordonne Sa Majesté que par les soins desdits sieurs intendans & commissaires départis, le tiers du revenu desdits bénéfices, dont le sieur Cardinal avoit droit de jouir, soit employé aux réparations & entretien desdits bâtimens, un tiers au soulagement des pauvres des lieux, & l'autre tiers ainsi qu'il sera par la suite ordonné par Sa Majesté; & à l'égard du total du revenu de ses autres biens, il sera employé aux usages que Sa Majesté jugera le plus à propos d'ordonner.

FAIT au Conseil d'Etat du Roi, Sa Majesté y étant, tenu à Marly le 11 Septembre 1700.

Plainte & Requisitoire de M. le Procureur-général du Roi, contre M. le cardinal de Rohan.

DIsant qu'il a été informé que vers la fin de janvier 1785, le cardinal de Rohan seroit venu chez Bohmer, joaillier de la couronne, & Baſſanges ſon aſſocié ; que ces joailliers lui auroient montré un grand collier de brillans comme une collection unique, & ajoutant qu'il avoit été eſtimé par les ſieurs Doigny & Maillard 1,600,000 liv. qu'ils attendoient d'un moment à l'autre d'envoyer cette parure en Eſpagne, & qu'ils lui avoient annoncé le deſir qu'ils avoient de ſe défaire d'un effet d'auſſi grand prix; que le cardinal avoit répondu qu'il rendroit compte de la converſation qu'il venoit d'avoir avec eux, & qu'il ſe chargeroit peut-être de l'acquiſition ; que ce n'étoit point pour lui; qu'il étoit perſuadé qu'ils accepteroient avec plaiſir les arrangemens de l'acquéreur, mais qu'il ignoroit s'il lui feroit permis de le nommer: que deux jours après, le cardinal feroit venu chez eux leur annoncer que de nouvelles inftructions l'autorifoient à traiter avec eux fous la recommandation expreffe du plus grand fecret; que les joailliers lui ayant promis le fecret, le cardinal leur auroit communiqué des propofitions tant pour le prix, que pour les échéances de paiement, & au-deffous defquelles propofitions ils auroient mis leur acceptation le 29 janvier 1785.

Que le premier février fuivant, le cardinal leur auroit mandé de venir chez lui & d'apporter l'objet en queftion; qu'ils s'y feroient rendus & lui auroient apporté le collier; qu'il leur avoit annoncé, pour la premiere fois, que c'étoit la reine qui faifoit l'acquifition, en leur montrant les propofitions, qu'ils avoient acceptées, chacune defdites propofitions émargées du mot *approuvé*, & à la marge de leur acceptation, ces mots: *ap-*

prouvé, *Marie-Antoinette de France.* Que le cardinal leur auroit accusé que le collier seroit livré dans la journée, qu'il leur auroit dit en même tems que la reine ne pourroit donner des délégations, mais qu'il espéroit qu'il leur seroit tenu compte des intérêts : que le même jour lesdits Bohmer & Bassanges auroient reçu une lettre du cardinal, écrite de sa main & signée de lui, par laquelle il leur auroit mandé que la reine lui auroit fait connoître que ses intentions étoient que les intérêts de ce qui seroit dû après le premier paiement leur fussent payés successivement avec les capitaux jusqu'au parfait paiement.

Que dans le même mois de février, le cardinal auroit montré à un particulier l'écrit à mi-marge où étoient d'un côté les conditions du marché & les époques des paiemens, & de l'autre l'acceptation des conditions prétendues approuvées & signées de la reine. Que cependant la négociation du marché étoit faite à l'insu &

sans aucune négociation directe ni indirecte de la reine; que le premier paiement convenu par le marché n'ayant pas été effectué, lesdits Bohmer & Bassanges auroient présenté un mémoire à la reine pour obtenir leur paiement; qu'ils n'auroient pas tardé d'être instruits que la reine n'avoit pas reçu le collier qu'ils présumoient avoir été remis à la reine; qu'il paroît qu'une femme nommée la Motte de Valois est impliquée dans les faits comme ayant trompé le cardinal, suivant la déclaration qu'il en a faite; que la connoissance de tout ce qui peut concerner un marché où on a osé emprunter le nom auguste de la reine, supposer son approbation & présenter cette approbation & ces signatures supposées, comme véritables & émanées de la reine, ayant été attribué à la cour, la grand'chambre assemblée, par des lettres-patentes qui y ont été enrégistrées, il est du devoir du procureur-général d'y rendre plainte, & d'y faire informer à la requête.

A ces causes, requiert le procureur-général du roi qu'il plaise à la cour lui donner acte de la plainte qu'il forme des faits énoncés en la présente requête, & de tous les autres y relatifs, circonstances & dépendances, contre les auteurs, fauteurs, participes, complices & adhérens tant desdits faits du marché, que la supercherie d'écriture & signature de la reine; ordonner qu'à sa requête il en sera informé tant par titres que par témoins par devant le conseiller qu'il plaira à la cour de commettre pour, l'information faite & communiquée au procureur-général du roi, être par lui requis, & par la cour ordonné ce qu'il appartiendra, après la rentrée de la cour; & que conformément aux lettres-patentes, il sera procédé à l'audition des témoins, & fait tous autres actes & procédures nécessaires, même en tems de vacations.

Ordonner que les pieces servant de conviction, seront & demeureront au greffe, & qu'il sera dressé tous procès-verbaux

verbaux qu'il appartiendra par le conseiller-rapporteur, en préfence de l'un des fubftituts du procureur-général, des pieces qui ferviront de renfeignemens & qui feront repréfentées, lefquelles feront pareillement dépofées au greffe de la cour pour fervir d'inftruction & jugement du procès en ce qu'il appartiendra.

Discours du Président de l'assemblée du Clergé de France, relativement à l'affaire du Cardinal de Rohan.

Messeigneurs et Messieurs,

Il n'y a personne parmi vous qui ignore le malheur qu'a eu M. le cardinal de Rohan d'encourir la disgrace du Roi. Nous devons sans doute craindre qu'il ne soit fort coupable, puisque SA MAJESTÉ a cru devoir le faire arrêter avec éclat, & s'assurer de sa personne & de ses papiers. Il est de notoriété publique, depuis hier matin, qu'il a été adressé des lettres-patentes au parlement de Paris qui lui attribuent la connoissance de l'instruction & le jugement des faits qui forment le corps du délit dont la réparation est poursuivie ; faits dans les détails desquels M. le Cardinal se trouve impliqué. De quelque genre que soit le délit, nous ne craignons pas de dire que nous le détestons : mais M. le

Cardinal réunit à la qualité de Cardinal & de Grand-Aumônier celle d'Evêque du royaume. Ce titre qui nous est commun avec lui, nous impose les devoirs de réclamer les maximes & les droits qui ont prescrit qu'un Evêque devoit être jugé par des Evêques. A Dieu ne plaise que nous prétendions par-là vouer notre ordre à l'impunité, ou le souftraire à l'obéiffance qui est due au Roi. Nous lui avons dit nous-mêmes, à l'ouverture de nos féances, que la *qualité de ministre des autels ne contrarioit jamais les devoirs que nous prescrit celle de sujet & de citoyen.* Nous professons & nous enseignons que la puissance de nos Rois est indépendante, universelle, complete, relativement à tous les objets auxquels elle doit atteindre pour le maintien de l'ordre public. Nous tenons fermement que notre consécration au service des autels ne transporte à aucune puissance sur la terre les droits auxquels nous a soumis notre naissance. Nous n'avons point à réclamer des privileges qui soient incompati-

C 2

bles avec ces vérités fondamentales. Nous réclamons avec confiance ceux que les loix, les Rois & la nation même nous ont tranfmis. Nous les trouverons dans ces mêmes fources d'où dérivent ceux des pairs, des gentilshommes & des officiers des Cours. --- J'ai donc l'honneur de vous propofer de charger la commiffion de la jurifdiction de faire fur cette importante matiere les recherches & les réflexions les plus capables de diriger la conduite fage, mefurée, mais énergique, que nous devons tenir dans cette occurrence difficile.

Lettre remise au Roi le 18 Septembre 1785.

Sire,

Nous mettons avec confiance sous les yeux de VOTRE MAJESTÉ les titres & les motifs développés dans le mémoire que nous prenons la liberté de lui présenter.

Loin à jamais de notre esprit & de nos cœurs toutes pensées qui tendroient à nous soustraire à l'obéissance qui vous est due. Nous chérissons, SIRE, autant que nous révérons, le caractere inaltérable de votre puissance royale, l'indépendance, l'universalité, la plénitude de votre autorité dans l'ordre des choses temporelles. Elle n'a sans doute rien à emprunter d'aucune autre puissance sur la terre pour atteindre aux objets auxquels elle doit pourvoir. Mais la même puissance peut être diversement exercée, sans rien perdre de son intégrité ni de ses droits essentiels, & l'uniformité de la soumission n'est pas plus incompatible dans un état monarchique avec des privileges particuliers, qu'avec la distinction des rangs & l'inégalité des conditions.

Vous régnez, SIRE, sur les Princes & Pairs de votre royaume, sur les gentilshommes, sur les Magistrats de vos Cours Souveraines, tous sont également vos sujets, tous sont vos justiciables, leurs personnes ne sont point jugées comme celles des autres citoyens.

Les clercs ont des Juges indiqués par la loi; les ordonnances ont réglé les diverses procédures à suivre, dans la diversité des délits dont ils sont accusés; & l'ordre épiscopal, SIRE, que les Empereurs romains, réputés les plus sages; que les conquérans, qui ont fondé la monarchie françoise; que Charlemagne, dont les loix respectées porteront aux générations les plus reculées, le vœu des peuples soumis à son Empire ; que Saint-Louis, ce Prince éclairé, aussi attaché aux devoirs de la religion, que zélé défenseur des droits de la royauté, se sont plûs à revêtir de distinctions & de prérogatives, l'ordre épiscopal dont tant de monumens consacrent les privileges n'auroit pas même de privilege à réclamer ?

Nous rendrons cette contradiction plus sensible en l'appliquant aux circonstances actuelles. Qu'un ecclésiastique soit impliqué dans l'affaire qui s'instruit sous nos yeux au parlement de Paris, il aura incontestablement le droit de réclamer son Juge naturel, tandis que son supérieur dans la hiérarchie ne participeroit en rien aux prérogatives de son droit.

Les loix, SIRE, qui régissent votre Empire, n'ont jamais voulu tendre de pieges à vos sujets, elles ne leur présentent point d'illusion : c'en seroit une manifeste qu'un privilege reconnu dont l'exercice ne pourroit jamais avoir lieu. Il exifte donc un autre ordre de chofes, & c'eft celui que nous réclamons, celui qui, réuniffant l'ineffaçable fanction des loix, des Souverains & de la nation, a prefcrit qu'un Evêque accufé, doit être jugé par les Evêques fes collegues.

Plus nous réfléchiffons fur la nature & les effets de ces privileges, moins nous nous appercevons en quoi ils pourroient alarmer la puiffance royale; il feroit injufte de leur fuppofer pour fondement des erreurs que l'Eglife de France a toujours combattues. Nous tenons fermement que notre confécration aux minifteres des faints autels ne nous affranchit point des devoirs auxquels nous a foumis notre naiffance, & nous n'avons aucune réclamation à former qui foit inconciliable avec cette précieufe vérité.

C'eft le refpect pour la religion qui a donné naiffance aux privileges accordés à fes miniftres : celui de l'immunité perfonnelle dans les jugemens

gemens accordé aux Evêques, s'est trouvé conforme aux mœurs des François; ils vouloient que tout accusé fût jugé par ses Pairs. L'approbation & l'authenticité qu'il a reçues sous les deux premieres races de nos Rois, l'ont associé aux droits publics de la nation; & si dans des tems postérieurs il a paru quelquefois défiguré ou obscurci par des prétentions que l'Eglise Gallicane n'a jamais partagées, renfermé dans ses justes bornes par des Evêques françois, pontifes aussi zélés que sujets fideles, il subsiste dans son intégrité ainsi que dans sa pureté ; il n'offre donc rien dans son principe qui puisse blesser la puissance des Princes, puisque nous reconnoissons qu'il est émané d'elle.

L'usage que nous devons en faire, présenteroit-il des inconvéniens alarmans pour la société ? Nous sommes aussi éloignés, soit de favoriser dans aucun membre de notre ordre l'impunité que l'indépendance, & quand l'autorité souveraine a confié à notre

D

vigilance une partie de ses intérêts, elle ne les a trahis ni desservis.

Plus coupables que les autres hommes, quand nous sommes assez foibles pour oublier nos devoirs, nous méritons d'y être rappellés par la sévérité de nos propres loix. La sainteté des maximes dans lesquelles nous puisons nos jugemens, ajoute à la difformité du vice des traits qui ne sont point apperçus par les tribunaux ordinaires. Quel danger a donc à redouter la société d'une autorité qui, loin de laisser les crimes impunis, s'éleve avec rigueur contre les violations les plus légeres ? Notre jugement doit, il est vrai, précéder tout autre jugement; mais nous ne voulons ni tarder l'administration des Princes, ni nuire à leur conservation ; & quand elle concourt à attirer sur la tête de l'accusé des peines capitales & afflictives, nous ne déguisons pas le crime ; mais fideles à l'esprit de notre ministere, nous implorons pour le coupable la clémence du Prince, sans prétendre enchaîner sa justice.

(27)

Tel eft, SIRE, le privilege que nous réclamons; son origine eft antérieure à l'établiſſement de la monarchie; il nous a été fidelement tranſmis d'âge en âge: c'eſt un dépôt dont nous ſommes comptables envers nos ſucceſſeurs; il a pour fondement des motifs légitimes; il a été accordé, non pour un tems, non à des perſonnes particulieres, mais pour toujours & au premier ordre de votre royaume: il n'eſt donc ni verſatile ni arbitrairement révocable; il repoſe, comme tous les droits les plus précieux des citoyens ſous la garde immédiate de votre protection royale, & c'eſt le motif le plus puiſſant de notre reſpectueuſe confiance.

D 2

Réponse du Roi adressée à l'Assemblée du Clergé.

JE me ferai rendre compte du mémoire de l'Assemblée du Clergé; je suis satisfait des sentimens qu'il m'exprime dans la lettre qu'il m'a adressée.

Le Clergé de mon royaume doit compter sur ma protection & sur mon attention à faire observer les loix constitutives des privileges que les Rois, mes prédécesseurs, lui ont accordés.

Mémoire remis à S. M. la Reine, le 12 Août 1785.

LE 24 Janvier de la présente année, M. le cardinal de Rohan vint chez nous, Bohmer & Baſſanges, & nous demanda de lui montrer divers bijoux ; nous profitâmes de cette occaſion pour lui faire voir le grand collier en brillans, comme une collection unique & rare en ce genre ; le Prince, après l'avoir examiné, nous dit qu'il avoit entendu parler de cette parure & qu'il étoit chargé de venir pour en ſavoir le prix au juſte : nous répondîmes, que le deſir que nous avions de nous débarraſſer de cette parure, qui étoit depuis long-temps un fardeau trop lourd pour nous, nous déterminoit d'en fixer le dernier prix à 1,600,000 livres, quoique cette collection faite avec une infinité de peines & de ſoins, nous coûtât beaucoup plus ; nous ajoutâmes que ce collier avoit été eſtimé ce prix par

MM. Doigny & Maillard, il y avoit plus de six ans, lorsque le Roi eut envie d'en faire l'acquisition; que depuis cette époque les intérêts accumulés nous causoient une perte considérable; que cependant nous étions déterminés à consacrer cet objet, en se flattant que nous serions un jour assez heureux pour le placer chez S. M. la Reine, comme une parure digne d'une si grande Reine, mais que cette espérance flatteuse paroissant s'éloigner, nous avions pris le parti d'envoyer le dessein de ce collier à la princesse des Asturies, & nous attendons de moment à autre l'ordre d'envoyer cette parure en Espagne.

Le Prince répondit qu'il rendroit compte de la conversation qu'il avoit eue avec nous, & qu'il se chargeroit de l'acquisition de ce collier; que ce n'étoit point pour lui; mais que si la négociation avoit lieu, qu'il étoit persuadé que nous accepterions avec plaisir les arrangemens de l'acquéreur; il nous prévint en même tems qu'il ignoroit s'il lui seroit permis de le nommer, mais que dans le cas où il ne lui fût pas permis de le faire, qu'il feroit des arrangemens particuliers ; il nous dit aussi que ses instructions pour l'avoir portoient de ne traiter de cette affaire qu'avec Bohmer, mais ne voulant négocier une affaire aussi majeure sans la participation de mon associé, le Prince dit qu'il étoit par conséquent nécessaire qu'il prît au préalable d'autres instructions pour savoir s'il pouvoit traiter avec les sieurs Bohmer & Bassanges conjointement. Ce qui termina la premiere entrevue.

Deux jours après cette conversation, le Prince nous fit venir chez lui tous les deux, & il nous dit que ses instructions l'autorisoient à traiter avec Bohmer & son associé, sous la recommandation expresse que nous observerions le plus grand secret, & que le lui ayant promis, il nous communiqua les propositions qu'il étoit chargé de nous faire pour l'acquisition de ce collier, & dont voici copie :

Le dernier prix du collier sera fixé, d'après messieurs Doigny & Maillard, en cas que le prix de 1,600,000 liv. qu'on veut le vendre paroisse trop fort.

Le paiement du prix convenu ne commencera que dans six mois, & alors pour une somme de 400,000 liv. & de six mois en six mois de même.

On pourra faciliter le calme dans les affaires du vendeur, en lui donnant des délégations qui n'annonceront le premier paiement que dans six mois.

Si les conditions conviennent, le collier sera prêt à partir mardi Février, au plus tard.

Le Prince, après la lecture de ces propositions, nous ayant demandé si elles nous convenoient, & lui ayant répondu : Oui ; demanda que nous missions notre acceptation ; ce que nous fîmes, sous la date du 29 Janvier. Ce qui termina la seconde entrevue.

Le premier Février au matin, le Prince nous écrivit un billet de sa main, mais sans signature, conçu en ces termes : ,, Je voudrois que M. Bohmer &
,, son associé pussent venir ce matin
chez

„ chez moi le plutôt poſſible avec l'ob-
„ jet en queſtion.

Nous nous rendîmes chez le Prince auſſi-tôt, & nous lui apportâmes le grand collier; il nous fit connoître dans cette entrevue que S. M. la Reine faiſoit l'acquiſition de cette parure, & nous montra à cet effet les propoſitions que nous avions acceptées, & ſignées par *Marie-Antoinette de France*. Nous témoignâmes à ce ſujet toute notre joie & notre ſatisfaction, & le Prince nous aſſura qu'il livreroit le collier dans la journée: il nous dit en même tems que S. M. ne pouvoit pas donner les délégations dont il étoit fait mention dans les propoſitions, mais qu'il eſpéroit qu'on nous tiendroit compte des intérêts que nous réclamions, & qu'il en feroit la repréſentation, jugeant notre demande juſte. Ainſi finit la troiſieme entrevue. Le même jour, premier Février, nous reçûmes une lettre du Prince écrite de ſa main & ſignée par lui, conçue en ces termes:

„ M. Bohmer, S. M. la Reine m'a
„ fait connoître que ſes intentions

E

„ étoient que les intérêts de ce qui fera
„ dû après le premier paiement du
„ mois fin d'Août, soient payés suc-
„ cessivement avec les capitaux jus-
„ qu'au parfait acquittement. *Signé*
„ Le Cardinal-Prince de Rohan ".
A Paris le premier Février 1785.

Quelques jours après la réception de cette lettre, ayant eu occasion de voir le Prince, il nous dit de profiter de la première occasion que nous aurions d'approcher S. M. la Reine pour lui faire nos très-humbles remerciemens des bontés qu'elle avoit daigné nous témoigner en acquérant notre collier. Cette occasion favorable ne s'étant pas présentée, nous restâmes dans l'attente jusqu'au mois de **Juillet** dernier, que le Prince nous fit dire de nous rendre chez lui ; il nous fit part que la Reine trouvoit le collier trop cher ; que S. M. étoit dans l'intention de nous le rendre, à moins que nous ne consentions à un rabais que le Prince fixa lui-même à 200,000 livres, avec la clause cependant que si M. Doigny l'estimoit un prix plus considérable, il nous seroit payé.

Nous apprîmes cette nouvelle avec le plus grand chagrin & la plus grande consternation. Nous représentâmes au Prince toute la désolation & le malheur irréparable où cet événement alloit nous plonger, ayant d'une part refusé l'occasion d'envoyer cette parure à la Cour d'Espagne, où elle nous a été demandée à diverses reprises, & ayant d'un autre côté fait des engagemens à divers de nos créanciers pour les époques où le Prince nous avoit assuré que nous recevrions de S. M. les premiers paiemens à compte; ce qui nous fit procurer le moyen de faire honneur à nos engagemens.

Le Prince nous promit qu'il feroit des représentations à ce sujet; & quelques jours après nous étant rendus chez lui, il nous dit que S. M. avoit agréé nos derniers arrangemens, & qu'au lieu de la somme de 400,000 livres que nous devions recevoir, nous recevrions sous peu de jours 700,000 livres; ce qui mettoit à même de faire honneur aux enga-

E 2

gemens que nous avions faits pour divers paiemens. Le Prince nous chargea en même tems de faire nos remerciemens à la Reine, & dans la crainte que nous ne puiſſions avoir le bonheur de nous en acquitter verbalement, nous le fîmes par écrit, que Bohmer remit à S. M.

La fin de Juillet dernier étant l'époque du premier paiement que nous devions recevoir, le Prince nous fit venir pour nous annoncer que le premier paiement ne pouvoit avoir lieu, & qu'il étoit différé juſqu'au premier Octobre prochain; qu'en attendant il avoit reçu 30,000 liv. pour nous remettre pour les intérêts. Nous avons donné une quittance, dans laquelle nous avons déclaré avoir reçu cette ſomme à compte de S. M. la Reine.

Ce ſont-là tous les faits détaillés tels qu'ils ſe ſont paſſés, & que nous certifions valables.

Signés, BOHMER & BASSANGES.

Mémoire instructif sur la connoissance de madame la comtesse de Valois avec les sieurs Bohmer & Bassanges.

AU mois de décembre dernier, M. Achet, ancien avocat, que nous, Bohmer & Bassanges nous connoissions depuis huit ans, qui étoit au service de MONSIEUR, frere du Roi, nous demanda si nous avions toujours notre riche collier; lui ayant répondu que nous en étions toujours chargés, il nous dit qu'il étoit fâcheux que les démarches que nous avions faites à la cour, n'eussent pas réussi à nous le faire placer. Nous lui objectâmes que nous n'avions pas osé nous flatter de cette espérance pendant la guerre, mais qu'une heureuse paix lui ayant succédé, à cet événement, S. M. la Reine, nous faisoit renaître l'espoir de pouvoir réussir, & qu'il ne s'agiroit que de trouver une personne distinguée qui voulût bien se charger de parler pour nous au Roi & à la Reine pour l'acquisition de cette parure.

Le sieur Achet nous dit qu'il se trouveroit heureux de pouvoir nous être de quelque utilité dans cette démarche, & en même tems il fit part au sieur Bassanges que M. la Porte, avocat en parlement, avoit fait connoissance d'une dame de Valois, reconnue depuis pour être de l'auguste maison des Valois; que cette dame avoit accès auprès de S. M. la Reine, qui daignoit l'honorer de ses bontés; que si lui Bassanges y consentoit, il feroit demander à cette dame si elle vouloit s'intéresser pour nous dans cette affaire, en déterminant le Roi ou la Reine à faire l'acquisition de notre collier.

Les sieurs Bohmer & Bassanges accepterent de concert la proposition, & quelques jours après on leur fit réponse que madame de Valois étoit indécise si elle feroit cette démarche, mais qu'elle avoit témoigné la curiosité de voir cette parure.

Les sieurs Bohmer & Bassanges ne firent aucune difficulté pour la satisfaire, & le 29 Décembre dernier, le sieur Bassanges se rendit avec le sieur Achet chez madame de Valois, à qui il fit voir le collier, & la sollicita en même tems de vouloir bien s'intéresser pour eux auprès de Leurs Majestés, pour les déterminer à faire l'acquisition de cette parure, en représentant à Leurs Bontés l'occasion de faire le bonheur de négocians honnêtes, si elles daignoient les débarrasser d'un fardeau aussi lourd que celui d'un bijou d'une si grande importance.

Madame de Valois ne voulut rien promettre de positif à ce sujet; elle répondit au sieur Bassanges qu'elle desiroit beaucoup lui être utile, mais qu'elle n'aimoit pas à se mêler de ces sortes d'affaires; que cependant elle ne refusoit pas entiérement, & qu'il se trouveroit peut-être une occasion favorable de nous obliger. Tel fut le résultat de notre premiere entrevue avec cette dame.

Il se passa, depuis cette époque, trois semaines sans que nous eussions d'occasions de voir madame de Valois, & nous pensâmes qu'elle n'avoit point voulu se mêler de cette affaire. Le sieur Bassanges en fit part au sieur Achet, & lui ajouta qu'il croyoit la démarche infructueuse, en lui témoignant le chagrin que nous avions de ne pouvoir réussir à nous procurer la vente de ce collier qui, vu son prix, nous causoit tous les jours une perte considérable pour les intérêts des capitaux que nous y avions mis; nous ajoutâmes que nous donnerions volontiers mille louis à celui qui seroit assez heureux pour nous en faciliter la défaite. Le sieur Achet répondit qu'il ne demandoit rien pour lui s'il pouvoit nous être utile; mais que son gendre étoit un jeune homme qui commençoit son état, & qu'il nous auroit beaucoup d'obligation, si nous voulions lui témoigner notre reconnoissance dans le cas où il pût réussir dans sa démarche auprès de madame de Valois.

Nous

Nous le chargeâmes en conséquence d'envoyer M. la Porte chez cette dame, pour savoir si elle n'avoit pas quelque réponse favorable. Ce qu'il nous rapporta, fut qu'elle nous pria de passer chez elle le lendemain. Le sieur Bohmer étant malade, le sieur Bassanges se rendit chez madame de Valois avec le sieur Achet, & cette dame dit qu'elle espéroit que nous réussirions à vendre notre collier, & que sous peu de jours nous aurions vraisemblablement des nouvelles satisfaisantes à ce sujet ; que ce seroit un très-grand seigneur qui seroit chargé de traiter cette acquisition ; qu'elle nous conseilloit de prendre avec lui toutes nos précautions pour les arrangemens qu'il pourroit être dans le cas de nous proposer, & que c'étoit tout ce qu'elle pouvoit nous dire à ce sujet. Nous lui fîmes nos remerciemens, en terminant cette seconde entrevue. Quelques jours après, madame de Valois & son mari vinrent chez les sieurs Bohmer & Bassanges à sept heures du matin pour leur annoncer que le grand seigneur qui devoit être chargé de l'acquisition du collier, devoit se transporter chez eux dans la matinée. Le sieur Bohmer étant encore au lit, ce fut au sieur Bassanges à qui ils en firent part, en lui recommandant derechef de prendre toutes les précautions pour les arrangemens ; & qu'il étoit inutile de citer à cette personne, qu'elle (madame de Valois) étoit immiscée dans cette affaire, parce que son unique but dans cette négociation n'avoit été que le plaisir de nous obliger, d'après le récit que nous lui avions fait de la perte que nous éprouvions depuis le moment où nous étions chargés de cette parure.

Madame de Valois s'étant retirée, le sieur Bassanges prévint le sieur Bohmer que la personne qui devoit traiter du collier, ne tarderoit pas à paroître. Effectivement un moment après on annonça M. le cardinal de Rohan, qui traita avec les sieurs Bohmer & Bassanges de la maniere détaillée dans le mémoire qu'ils ont eu l'honneur de remettre à S. M. la Reine.

L'époque de cette négociation fut déterminée. Les sieurs Bohmer & Bassanges se rendirent chez madame de Valois pour lui réitérer leurs remerciemens. Depuis ce tems ils ne revirent plus madame de Valois, qu'un jour où elle vint dîner chez eux, & un autre jour où elle les engagea de venir dîner chez elle, & dans les deux entrevues il ne fut aucunement parlé de la négociation du collier.

Le 3 du présent mois d'Août, madame de Valois envoya un ecclésiastique chez le sieur Bassanges pour le prier de passer chez elle avec madame Bohmer. Cette derniere étant à la campagne & malade, le sieur Bassanges y fut seul. Madame de Valois lui demanda s'il avoit vu depuis peu M. le cardinal de Rohan. Sur ce qu'il lui dit qu'il le quittoit dans l'instant, elle lui demanda s'il ne lui avoit rien communiqué de nouveau; il lui répondit que non. Alors elle lui fit part de ce que le Prince se trouvoit dans la plus grande perplexité ; qu'il paroissoit que l'engagement que le Prince avoit chez lui, signé soi-disant par S. M. la Reine, étoit une signature contrefaite, & qu'elle ne savoit comment il se tireroit d'embarras ; qu'elle nous conseilloit de prendre nos précautions vis-à-vis du Prince pour que nous n'eussions aucun risque à courir ; qu'au surplus le Prince, avoit une fortune considérable, & étoit bien en état de nous payer.

D'après une nouvelle aussi alarmante, nous nous déterminâmes à aller en droiture nous jetter aux pieds de S. M. pour lui découvrir notre position. N'ayant point été assez heureux pour obtenir une audience à cette époque, nous ne pûmes rendre compte de cette affaire que le 9 du même mois, qu'il plut à S. M. la Reine de faire demander le sieur Bohmer pour se rendre à Trianon.

Voilà les faits tels qu'ils se sont passés depuis l'origine de cette négociation, & que nous attestons sur notre honneur & conscience.

Copie de la lettre écrite à la Reine par Bohmer & Bassanges.

Madame,

Nous sommes au comble du bonheur d'oser présumer que les derniers arrangemens qui nous ont été proposés, auxquels nous nous sommes soumis avec respect & dévouement aux ordres de Votre Majesté, & nous avons une vraie satisfaction de penser que la plus belle parure de diamans qui existe, servira à la plus grande & à la meilleure des Reines.

Lettre contenant la déposition de madame la comtesse Dubarry.

EN attendant que le parlement juge définitivement le procès du cardinal de Rohan, on vient de restreindre le nombre des personnes, que cet illustre prisonnier peut admettre à la Bastille. Il n'y recevra que son conseil, ses deux freres, M. le maréchal de Soubise & madame la princesse de Marsan. On s'est donné bien de la peine pour deviner ce qui avoit donné lieu à cette nouvelle défense. Il paroît qu'elle n'a été faite que pour donner quelque repos au gouverneur & aux officiers de l'état major de la Bastille. Le nombre des personnes entendues depuis l'addition à l'instruction est assez considérable. On a sur-tout remarqué la déposition de madame la comtesse Dubarry. Cette dame vint au parlement le 7 au soir : elle y fut reçue avec tous les honneurs d'usage. Le greffier vint la prendre & lui donna la main. Un des huissiers portoit le flambeau. Voici ce qui a pu donner lieu à cette déposition. Madame de la Motte se présenta un jour chez la comtesse Dubarry: elle venoit s'offrir pour être sa dame de compagnie. A l'étalage qu'elle fit de son nom & de sa naissance, madame Dubarry la regarda comme peu propre à la place qu'elle venoit solliciter, & le remercia en l'assurant » qu'elle ne cherchoit pas de com- » pagnie, & que d'ailleurs elle n'é- » toit pas assez grande dame, pour » en prendre une d'une aussi haute » qualité que madame de Valois «. Celle-ci ne fut pas absolument déconcertée par cette défaite polie: elle revint quelques jours après: elle se borna alors à prier madame Dubarry de la recommander à des personnes qui pouvoient mettre un de ses placets sous les yeux du Roi. Dans ce placet, où elle demandoit une augmentation de pension, elle avoit signé après son nom ces mots: *de France.*

Madame Dubarry ne put s'empêcher de témoigner sa surprise à la vue de cette signature : madame de la Motte lui répondit, qu'étant reconnue pour être de la maison de Valois, elle signoit toujours *de France*. Madame Dubarry sourit à cette prétention & promit de recommander son mémoire. Cette signature a trop de rapport avec celle de la convention faite avec le joaillier Bohmer, pour que la déposition de madame Dubarry ne devienne fort intéressante dans cette cause. Un autre incident s'offre encore au préjudice de madame de la Motte. Elle assure dans son mémoire que le collier avoit été dépécé à Paris, & que son mari n'en a vendu à Londres qu'une foible partie. On oppose aujourd'hui à cette assertion une lettre, qu'on dit écrite par madame la duchesse de Devonshire à une autre dame angloise de ses amies : elle y parle du fameux collier, comme ayant été apporté chez elle en entier ; elle ajoute qu'elle l'avoit gardé presque toute une matinée ;

tinée : elle ne cachoit même pas, qu'elle avoit pris tant de plaisir à voir une si belle & si parfaite collection de diamans, qu'elle l'avoit vu emporter avec chagrin.

Autre Lettre sur plusieurs séances tenues au parlement pour la même affaire.

De Paris le 22 décembre 1785.

LE nombre des juges qui entendirent la semaine derniere le rapport de M. *Titon de Villotran*, dans l'affaire du collier, fut de 57, y compris quatre conseillers d'honneur, dix conseillers honoraires & quatre maîtres de requêtes qui y assisterent. La séance du mercredi fut prolongée jusqu'à dix heures du soir, & comme il n'étoit pas possible de former ce jour-là les opinions, on la continua au lendemain. Le jeudi elle fut ouverte par les conclusions du rapporteur, & ensuite on procéda aux opinions. Elles furent d'abord débattues, & après cinq heures de séance, les chambres décernerent à une majorité de 47 voix contre 11, cinq décrets de prise-de-corps, un contre M. le cardinal, un contre le sieur *de la Motte*, un contre madame *de la Motte*, un contre *Cagliostro*, & un contre la demoiselle *Oliva*. Ainsi voilà l'affaire engagée ; mais ce n'est que sur les instructions qui vont s'ensuivre, qu'on pourra s'en former une idée précise. Par l'événement des décrets de prise-de-corps, M. le cardinal se trouve suspendu *ipso facto*, de l'exercice de toutes ses fonctions : au reste, le public n'a pour cela encore aucune raison de le juger coupable.

Tout le merveilleux de la longévité du sieur *Cagliostro* a disparu dans ses interragotions, ainsi que l'incertitude sur le lieu de sa naissance. Il a confessé tout simplement qu'il étoit né à *Malte* & avoué modestement, qu'il n'étoit âgé que de 39 ans. On prétend que M. le procureur-général a décerné une plainte particuliere contre lui. Le public attend avec bien de l'impatience de voir paroître les mémoires respectifs des co-accusés, mais ces mémoires ne peuvent paroître qu'après les confrontations & les récollemens, parce que ce n'eſt qu'alors qu'ils auront une connoiſſance légale des charges réciproques qui leur feront impoſées : ainſi l'impatience générale ne ſera pas encore ſi-tôt ſervie, & on ne prévoit pas qu'il puiſſe y avoir de long-tems un jugement définitif, tant il y a de faits, d'allégations, de témoignages à vérifier, à rapprocher, à comparer pour parvenir à la connoiſſance exacte de la vérité, ſur laquelle ſera fondé le jugement à intervenir.

Les gazettes ont dit qu'il avoit été adreſſé des lettres-patentes au parlement, pour que la *Baſtille* ſervît de priſon aux accuſés qui y ſont détenus ; ces lettres-patentes n'ont été envoyées que vendredi dernier après la prononciation des décrets, & elles étoient inutiles avant cette époque. Elles ont été enrégiſtrées le même jour, & les décrets ont été ſignifiés. Le rapporteur ſe rendra à la *Baſtille* pour faire les interrogatoires, les confrontations & les récollemens. On assure que ce qui a déterminé la nature du décret contre M. le cardinal n'est point du tout l'affaire du collier, mais la supposition de la lettre de la reine, qui a servi de prétexte à la livraison de ce joyau. Il semble qu'une fois le véritable auteur de cette prétendue lettre avec la signature étant reconnu, c'est sur lui que retombera toute la rigueur du jugement. La fuite du sieur *de la Motte* laisse à cet égard un grand vuide. On dit aujourd'hui qu'il a été arrêté en *Irlande*, & transféré à *Londres*. Notre ministere le demande avec beaucoup de chaleur, & l'on s'attend à le voir arriver incessamment dans nos prisons.

Lettre contenant la dépofition de la demoifelle Oliva;

De Paris le 29 décembre 1785.

LE cardinal de Rohan a reçu, le 21 de ce mois, à la Baftille, la fignification du décret de prife-de-corps lancé contre lui. Des accès violens de la colique néphrétique à laquelle il eft fujet, & une tumeur qui s'eft déclarée à leur fuite, prouvent combien il a été fenfible à la tournure que prend fon affaire; mais il montre d'ailleurs un abattement & un découragement qui affligent fes partifans. Ses défenfes feront remifes aux Juges, non par Me Target, ni par Me Bonnieres, mais par un M. Macquet. Le prince de Soubife a obtenu que, pour donner le tems de les rédiger & de les diftribuer, les interrogatoires de S. E. feroient différés jufqu'au 3 janvier.

La dépofition de la demoifelle

Oliva, dans cette affaire, encore enveloppée des ombres du myſtere aux yeux du public, a droit d'intéreſſer. Elle a déclaré qu'un jour en ſortant du palais-royal elle fut ſuivie par un particulier juſques chez elle dans la rue Thiroux, & que là il lui propoſa une affaire avantageuſe, ſans s'expliquer davantage la premiere fois. Il revint une ſeconde, & lui annonça qu'il s'agiſſoit pour elle de gagner 15,000 liv. Elle accepta cette propoſition. Enfin elle fut conduite à Verſailles, chez madame de la Motte, où on l'endoctrina ſur le rôle qu'elle devoit jouer le ſoir. On lui donna une roſe qu'elle devoit tenir conſtamment d'une main, & une lettre que de l'autre elle devoit remettre à la perſonne qui lui parleroit. Le rendez-vous eut lieu : elle vit une perſonne en redingote, qui lui dit quelques mots auxquels elle répondit en balbutiant. Bientôt cette ſcene fut interrompue par des perſonnes du plus haut rang, que l'on vit s'approcher ; elle retourna chez madame de la

Motte, & delà à Paris, où au lieu de recevoir les 15,000 liv. promises, elle ne toucha que mille écus.

On a trouvé dans le recueil *de la Calotte*, ouvrage en trois volumes, de Gallet, fameux Chansonnier, l'anphigouri suivant fait du tems du cardinal Dubois, & l'on n'a pas manqué de le ressusciter à cette occasion.

Dans le jardin du serrail,
Un Cardinal en camail
Feignoit de jouer au mail :
  Mais en détail,
  Tout son travail
Etoit de voir le bétail
Qu'on enferme en ce bercail.
Un Eunuque noir,
Près d'un réservoir,
  Lui fit voir,
  Vers le soir,
  Dans un miroir,
La tête d'un âne
Qu'il prit pour la Sultane.

PIECES IMPORTANTES.

Réponse faite par M. le garde des Sceaux au nom du Roi, en septembre 1784 aux secondes remontrances du parlement de Paris, du mois de Mai 1784 au sujet des désordres de la nouvelle administration des Quinze-vingts.

J'Ai examiné avec attention les remontrances de mon parlement au sujet des Quinze-vingts. Je suis assuré de la pureté de son zele, & je prendrai toujours ses représentations en bonne part.

Mais j'ai reconnu qu'on l'a trompé sur les faits contenus dans ses remontrances. Mon Grand-Aumônier n'a rien fait que par mes ordres; au surplus, je m'occupe de rendre mon hôpital des Quinze-vingts de plus en plus utile.

H

Troisieme et itératives remontrances de la Cour, sur la réponse faite au nom de *Sa Majesté* aux précédentes remontrances sur les Quinze-vingts.

Sire,

La réponse de Votre Majesté aux itératives remontrances de son parlement sur l'état déplorable des Quinzevingts, ne l'a point découragé. Si l'intrigue a surpris cette réponse, l'intrigue n'a pas empêché du moins la bonté paternelle de Votre Majesté de s'y faire sentir.

Votre Majesté annonce ,, qu'assu- ,, rée de la pureté du zele de son par- ,, lement, elle prendra toujours ses ,, représentations en bonne part ''.

C'est nous rendre moins difficiles des obligations, à l'accomplissement desquelles font attachées la tranquillité de l'état & la ftabilité du trône.

Mais Votre Majefté déclare en même tems ,, qu'on a trompé fon ,, parlement fur les faits contenus dans ,, fes remontrances, & que fon Grand- ,, Aumônier n'a rien fait que par fon ,, ordre ,,.

Ici le refpect même nous oblige d'élever la voix, pour ofer dire qu'on a diffimulé à Votre Majefté l'état de la queftion, puifqu'elle a permis que cette déclaration fût inférée dans fa réponfe.

En effet, Sire, les faits expofés à votre parlement, font vrais ou calomnieux : Votre Majefté doit en faire juftice à toutes les perfonnes que ces fait ont inculpés. Mais s'ils font vrais, l'hôpital des Quinze-vingts touche à fa ruine. Sils font vrais, Votre Majefté ne les approuve fûrement pas, encore moins les a-t-elle ordonnés.

Six déclarations circonftanciées, & foutenues de pieces, repofent au greffe de votre parlement; en voici le réfultat :

Vente de deux maisons qui n'étoient pas comprises dans les lettres-patentes de 1779.

Cinquante mille écus touchés par le Grand-Aumônier, auparavant la vente de l'enclos.

Réduction du prix de cette vente au préjudice d'une soumission avouée de six millions 600,000 liv.

Clandestinité du marché.

Précipitation de la même vente qui donne lieu à des soupçons de pots de vin considérables.

Argent offert, & menaces faites au maître de Quinze-vingts pour s'assurer de son silence.

Déposition arbitraire de cet officier nommé par VOTRE MAJESTÉ.

Nomination faite à sa place par le Grand-Aumônier, d'un caissier infidele, intéressé dans l'acquisition de l'ancien clos.

Négligences répréhensibles dans la translation.

Faux devis de l'abbé Georgel, pour les réparations.

Despotisme du Grand-Aumônier.

Asserviſſement volontaire du même abbé Georgel, Vicaire-Général, & du nommé Prieur, Caiſſier infidele, aujourd'hui gouverneur onéraire des Quinze-vingts.

Suppreſſion des Chapitres.

Mélange des caiſſes du Grand-Aumônier & de l'hôpital.

Défenſes du Grand-Aumônier au Miniſtre des Quinze-vingts de preſſer les acquéreurs.

Recouvremens attirés par le Grand-Aumônier à ſa perſonne, au lieu du Miniſtre, malgré les ſtatuts.

Défaut de compter.

Défaut de verſement de 840,000 liv. au tréſor royal.

Arrérages de cette ſomme payée malgré le *déficit*.

Déplacement des regiſtres par Prieur.

Leur incomplet rétabliſſement.

Propoſition faite par le même homme à l'Architecte de l'hôpital, d'enfler de 50,000 écus l'eſtimation des réparations.

Déſordre évident des dépenſes extérieures.

Délais de payer, imposés aux ouvriers par Prieur.

Délais demandés par le même aux tribunaux.

Billets à longs termes du tréforier du Grand-Aumônier, donnés par Prieur, foit aux entrepreneurs, foit aux ouvriers, pour fe procurer leurs quittances.

Compte infidieux fondé fur ces quittances & préfenté à VOTRE MAJESTÉ.

Remplacement fait par Prieur en un billet femblable, du falaire d'un ferblantier, que ledit Prieur avoit reçu du Miniftre des Quinze-vingts, fur la quittance de cet ouvrier.

Défaut de charité dans le gouvernement de cet hôpital.

Conduite oppreffive & licencieufe de Prieur, qui défend aux freres de s'affembler à l'Eglife, blâme leur piété dans le choix des lectures qui leur font faites, fe livre à des dépenfes défordonnées pour fon logement, y donne des bals, des comédies, en éloigne les meres, féduit les filles, chasse ou menace leurs parens quand ils s'en plaignent, protege & favorise la débauche, arrange des mariages pour couvrir ses excès personnels, ménage des informations fausses pour effectuer ces mariages, & scandalise ouvertement jusques dans l'Eglise, & pendant le service divin.

Conduite peu retenue de plusieurs Prêtres.

Tel est le résumé des déclarations.

Or tous ces faits, toutes ces manœuvres, ces entreprises sur votre pouvoir, Sire, ces malversations & abus d'autorité, ces scandales publics, l'intention de Votre Majesté n'est certainement pas qu'on osât les couvrir de son nom & de son autorité.

Il s'agit maintenant de porter un jugement sur ces déclarations: sont-elles vraies légalement ? Des Magistrats ne sauroient le prétendre (1)?

---

(1) Ces déclarations ont été faites devant les commissaires de la Cour, mais sans les informations juridiques, qui avoient été arrêtées.

Sont-elles vraies en elles-mêmes ? La réponse de votre majesté nous impose un doute respectueux.

Mais s'il étoit possible que votre Parlement fût trompé sur des faits aussi nombreux, aussi notoires, si nettement articulés, si cohérens entre eux, soutenus de tant de pieces, cette erreur seroit le crime de ceux qui font naître ou qui saisissent toutes les occasions d'opposer aux loix la force & la ruse.

Le maître des Quinze-vingts, arbitrairement dépossédé par un de vos sujets, de la place qu'il tenoit de votre majesté, en faveur d'un homme qui s'est reconnu lui-même [par acte devant Notaire] infidele caissier d'un receveur général des finances, forme au Châtelet sa demande en maintenue & rend plainte. Son adversaire ne se présente pas ; on demande défaut sur l'action en maintenue : une simple lettre non émanée de votre majesté, prescrit de surseoir.

Cette action & cette plainte, & sur-tout la démission des Administrateurs

teurs de l'hôpital, avertissent votre Parlement, que le gouvernement légal de cette Maison, transformé en régie domestique du Grand-Aumônier, ouvroit les portes à des abus intolérables; d'où naissent la dissipation des deniers, & la perte des bonnes mœurs.

Une information étoit le seul moyen de vérifier les faits: votre Parlement l'ordonne après trois ans de silence; mais on surprend, de Votre Majesté, deux lettres closes qui défendent l'exécution de cet Arrêt.

Votre Parlement vous adresse des remontrances, & vous supplie de laisser à la justice un libre cours; la justice de Votre Majesté ne s'explique pas sur ce point capital.

Votre Parlement arrête de secondes remontrances; on en renvoie la confection aux commissaires, & on les autorise à mander ceux qu'ils jugeront à propos d'interroger. Les commissaires s'assemblent; ils mandent six personnes; elles comparoissent & satisfont aux questions de ces commissaires par des réponses qu'elles détaillent, par des pieces qu'elles déposent.

Sur ces réponses & sur ces pieces conformes à tous les faits énoncés dans la démission des Administrateurs, ou dans la plainte du Maître, votre Parlement fonde ses nouvelles remontrances, & l'on veut persuader à votre majesté qu'il est trompé.

Votre Parlement, Sire, ne seroit pas responsable de cette erreur. D'abord il a voulu prendre les précautions que la loi lui prescrivoit ; ensuite il a recouru aux mesures que la prudence lui suggéroit.

Mais que l'intrigue est féconde en moyens propres à démentir, s'il étoit possible, & la justice & la sagesse des Magistrats ! Quel exemple pour l'avenir !

Si votre Parlement ordonne une information, on surprendra des défenses à Votre Majesté. S'il a recours à des déclarations, on nous parlera d'erreur, on opposera une dénégation sourde à des réponses publiques; des pieces clandestines, à des communiquées.

L'on est bien sûr que l'œil des Magistrats ne verra pas ces pieces clandestines; on est bien sûr que ces dénégations sourdes ne retourneront pas jusques dans le sanctuaire de la Justice, & néanmoins ce sera par leurs moyens qu'on étouffera les plaintes des parties; la voix des Cours, le cri public, en se faisant un titre de l'impuissance à laquelle on aura sû réduire votre Parlement. Quelle sera donc enfin la ressource des loix? Quel sera l'asyle de l'innocence & de la vérité?

Au reste, le Grand-Aumônier lui-même & ses nouveaux coopérateurs doivent desirer l'éclat du plus grand jour. Leur administration accusée hautement & décriée dans le public, est au moins suspecte.

Mais si la haine ou la vengeance ont semé ces soupçons violens, si les mains du Grand-Aumônier sont pures, si la conduite de l'abbé Georgel est digne d'un homme de son caractere, si l'administration de Prieur est irrépréhensible, un grand crime est commis en face de la justice; & ce crime est le concert de six personnes assez téméraires pour attester aux commissaires de votre Parlement des calomnies combinées, & pour déposer des pieces falsifiées, ou fabriquées à l'appui de ces calomnies.

Dans cette incertitude alarmante pour la Justice, fâcheuse pour l'honneur du Grand-Aumônier & de ses coopérateurs, une seule voie leur est ouverte; ils doivent s'y porter avec empressement si leur conscience est sans reproche: c'est la voie de l'information.

Votre Parlement osera donc, par tous les intérêts compromis dans cette affaire, supplier une troisieme fois Votre Majesté de laisser à la Justice un libre cours, & de se rappeller qu'en obéissant aux ordonnances qui sont les vrais commandemens des Rois, son Parlement feroit bientôt rentrer aux Quinze-Vingts, les choses dans l'ordre, & ses sujets dans le devoir.

Ce sont là, SIRE, &c.

Présentées au mois de Mars 1785.

M. le Garde des Sceaux n'a point encore procuré de réponse.

Lettre de la C. de Marsan à l'abbé Georgel.

Je suis bien reconnoissante envers vous, mon cher abbé, mais je ne suis pas plus tranquille sur le sort du cardinal; je vois dans tout ce que vous me dites bien de l'intrigue, aucune justification & des calculs d'incidens aussi douteux pour le succès que ceux du cardinal étoient faux en finance. Un seul mot peut faire tout évanouir à jamais. Méditez le petit conte oriental que voici, puisse-t-il vous servir d'apologie.

Haron-Chek de la Mecque, & de pere en fils desservant une célebre Mosquée, obtint un regard favorable du Sultan, qui lui valut la charge de distributeur de ses aumônes; à ce titre, il régissoit une maison d'aveugles que jadis un prince Guinguisien avoit dotée de 80 bourses pour leur entretien. Haron, noble, beau, capricieux, sans science ni jugement, mais ambitieux & prodigue, se livra sans mesure à toutes ses passions. Là il exerçoit les concussions d'un Pacha; les vexations d'un Boyard; ici, sans respect pour le Coran, il avoit des Harems de tous les ordres; sa vie publique étoit d'un tel faste, qu'elle insultoit à la modestie de celle du Sultan, sans qu'il en redoutât la sévérité; il avoit dans ses intérêts le Muofti, premier comédien de l'Empire ne se plaisant qu'à jouer le Sultan, les peuples & la loi. Les grandes richesses d'Haron ne furent bientôt plus proportionnées à ses énormes dépenses; il usa de ressources; il imagina de vendre les fonds des pauvres, sous prétexte d'en doubler le revenu en déposant les capitaux dans le Hasné du Souverain, mais au vrai pour en détourner le plus possible. Le Moufti agréa tout, & jura d'en soutenir l'exécution à quelque prix que ce fût; on méprisa toutes les formes, on vendit pour 4000 bourses, à charge d'en remettre les trois-quarts au Hasné & d'employer le reste ; mais le marché une fois conclu, il n'y eut que la moitié des conditions, exécutée, le surplus de l'argent fut consumé en fêtes. Le corps des Ulmats représenta le désordre au Sultan ; le Moufti intercepta leurs représentations & les traita des rebelles ; ils recommencerent & dévoilerent des horreurs ; le Moufti écumant de colere, leur répondit avec menaces que cela n'avoit été fait que par les ordres du Grand-Seigneur.

Cependant Haron & le Moufti n'étoient pas fans souci ; ils déplaisoient depuis long-tems à Myria-Bache-Kadun qu'ils osoient mépriser. Le Moufti d'ailleurs avoit beau violer tous les désordres d'Haron, le Sultan les entrevoyoit, & les Ulmats en rassembloient des preuves éclatantes. Dans cette extrémité, Haron conçut le projet de réduire tout au silence, & de maîtriser jusqu'à la fortune : son imagination exaltée l'avoit entraîné dans les chimeres de l'alchymie, il avoit sans cesse

à

à ses côtés le Muned-ginbachi, juif d'origine, qui le mystifioit nuit & jour, il ne rêvoit plus qu'or & pierreries, il venoit d'établir chez ses aveugles une fabrique de diamans par des juifs, & le Mened-gin, grand décompositeur, promettoit l'or à plein creuset. Un jour se promenant dans les Besestins, il découvrit chez le joaillier du Sérail une aigrette de diamans de grand prix; elle étoit digne d'être offerte par le Sultan à Myria; mais la princesse & lui l'avoient dédaignée, par une économie dont l'amour pour leurs sujets étoit le principe. Haron en fit la base d'une audacieuse spéculation : d'acheter l'aigrette, ne la payer qu'en intérêts ou à long termes, la décupler par l'art de ses juifs, en tirer tout l'argent comptant possible, acquitter la dette au Hasné, accuser ensuite de calomnie les Ulmats ; à l'aide du Moufti, demander enfin le Visiriat pour prix de son innocence. Voilà le sublime projet du téméraire Haron; la difficulté étoit de se saisir de l'aigrette : Haron osoit tout : il la marchanda mystérieusement sous le nom de Myria ; il ne craignit pas d'en présenter la signature apparente ; il obtint tout : mais la revente devint lente, le joaillier voulut son argent ; & comme on l'amusoit, il alla se promener sous le Kiosk de Myria, & donna sa déclaration au Bostangi-Bachi, qui l'assura de la vérité. Haron ne se doutoit de rien ; il étoit enivré de ses projets. Le jour d'une cérémonie sainte arriva : tous les Grands se rendirent au Divan, Haron y vint aussi. Le Moufti entra d'abord, & vit les accusations contre Haron qu'on appella. — Jugez votre ami, dit le Sultan indigné au Moufti, qui tout à-coup changeant avec la circonstance, prononça qu'on devoit arrêter Haron, & qu'il étoit digne de mort. Cependant le Sultan permit à ce dernier de se justifier ; mais déja ses membres se glaçoient. Le Sultan compatissant le fit asseoir & se retira pour le moins gêner. Haron ne put dire un mot. Le Moufti, l'indigne Moufti, le seul auteur de tous ces malheurs qu'il eût prévenus en n'autorisant pas leur cause ; le perfide Moufti l'abandonnoit & ne réclamoit seulement pas les formes. On arrêta Haron au Divan même ; on le mit à la garde des Solacs, qui le conduisirent au château d'Yssar. Tous ses complices eurent le même sort.

Haron dans les fers recouvra bientôt la liberté de l'esprit. ,, Je suis cou-
,, pable, s'écria-t-il, mais du crime
,, dont la vertu s'honore ; par un ex-
,, cès de crédulité, j'ai pensé pouvoir
,, faire ma Cour à Myria, mériter le
,, retour de ses bontés en lui ména-
,, geant la possession d'un bijou qu'on
,, m'a dit qu'elle desiroit ardemment.
,, Je suis trompé, mais excusable ; j'en
,, demande les Ulmats eux-mêmes
,, pour juges ". Cette étrange résolution contrarioit le Mouufti ; elle pouvoit mener à la révélation de tous ses délits... Il espéra du tems & de son intrigue, & laissa renvoyer l'affaire aux Ulmats. Haron, en sa qualité, ne pouvoit être jugé que par des Imans. Ceux-ci réclamoient vivement les droits sacrés des ministres du pro-

phete. Le Moufti l'avoit bien prévu; d'une part il excitoit les réclamations, de l'autre il dirigeoit sourdement la procédure pour que le nom auguste de Myria fût assez compromis pour la dégoûter de la vengeance, & qu'au moins on ne pût rien distinguer dans l'obscurité des témoignages. Il se préparoit ainsi le moyen d'amener doucement le Sultan à revenir sur ses pas, d'éluder la colère de Myria, & de tirer peut-être des circonstances, le pouvoir de la braver pour la vie.

Les choses se menoient sur ce plan; le Reys Effendi insinuoit dans les gazettes que Haron n'étoit que léger & crédule, d'où il donnoit à penser que le Sultan avoit été violent & injuste: le Moufti protestoit hardiment que la caisse des aveugles étoit en bon ordre; ses Tcheodars en montroient un compte faux: il redoubloit les actes d'autorité pour montrer sa sécurité; c'étoit un dernier effort. Un jour que le Sultan, se dérobant à sa suite, parcouroit incognito les rues de sa capitale & les cabanes des pauvres qu'il affiftoit en fecret, il entendit des aveugles crier miféricorde; il les queftionna avec bonté, les écouta avec intérêt. Sublime Seigneur, lui dirent-ils, nos maux font à leur comble: le pain que tes ayeux nous ont affuré, nous eft ravi, nos filles font violées, nos plaintes font fuivies de l'expulfion. On répond à tout, que ton Moufti l'ordonne, & il déclare que rien ne fe fait que par tes ordres. Si cela eft, nous béniffons avec refpect la trace de tes pas: mais la bonté peinte fur ton vifage, & la juftice gravée dans ton ame, nous font garantes que toutes deux font foulées aux pieds. Nous les implorons en nous profternant.

Le Sultan vérifia tout, & reconnut que fon Moufti, le plus corrompu des hommes & corrupteur habituel de la loi, avoit autorifé du nom du Prince tous les défordres d'Haron; qu'au lieu d'indiquer les formes dans l'accufation d'Haron, il avoit montré une ignorance puniffable ou une diffimulation criminelle pour tendre des pieges & créer des embarras, qu'il intriguoit pour rendre la preuve équivoque & la procédure nulle ; que pour obscurcir il cherchoit à introduire devant le Kadi une procédure rivale, qu'il étoit de moitié d'un complot contre le Bostangy ; qu'en un mot, il étoit l'auteur & le vrai coupable dans l'affaire, sans parler de tous les crimes qui d'ailleurs se réunissoient sur sa tête. Le fourbe Moufti fit le malade, suivant son usage, mais le Sultan désabusé se rendit à la Porte, & signa le Katicherif qui le déposoit, en le réléguant sur les bords de la mer noire. Haron jugé encore plus fol que frippon, fut enfermé chez les Derviches pour le reste de ses jours, après toutefois la preuve légale requise, la démission obtenue & le paiement des créanciers assuré. Les autres dupes & séduits furent amendés & bannis. Toute l'Asie, à cette nouvelle, célébra l'adorable Myria, & bénit à jamais le meilleur des Sultans.

FIN.

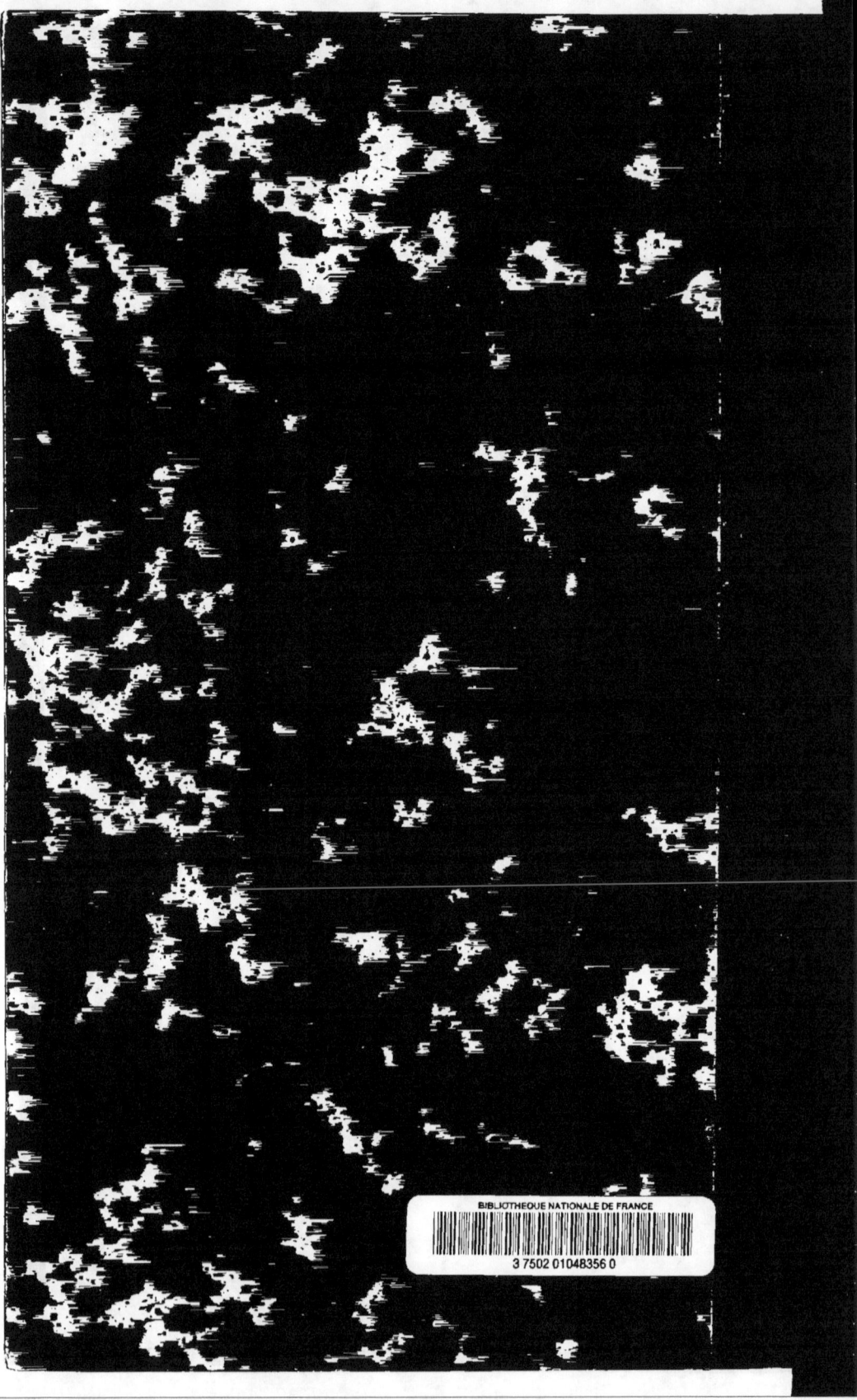

www.ingramcontent.com/pod-product-compliance
Lightning Source LLC
LaVergne TN
LVHW050609090426
835512LV00008B/1417